SECRET PASSWORD JOURNAL

Copyright 2015

TITLE:	PASSWORD CHANGE	DATE
URL:		
LOGIN:		
PASSWORD/PIN:		
NOTES/HINTS/SECURITY QUESTION		

TITLE:	PASSWORD CHANGE	DATE
URL:		
LOGIN:		
PASSWORD/PIN:		
NOTES/HINTS/SECURITY QUESTION		

TITLE:	PASSWORD CHANGE	DATE
URL:		
LOGIN:		
PASSWORD/PIN:		
NOTES/HINTS/SECURITY QUESTION		

TITLE:	PASSWORD CHANGE	DATE
URL:		
LOGIN:		
PASSWORD/PIN:		
NOTES/HINTS/SECURITY QUESTION		

TITLE:	PASSWORD CHANGE	DATE
URL:		
LOGIN:		
PASSWORD/PIN:		
NOTES/HINTS/SECURITY QUESTION		

TITLE:	PASSWORD CHANGE	DATE
URL:		
LOGIN:		
PASSWORD/PIN:		
NOTES/HINTS/SECURITY QUESTION		

TITLE:	PASSWORD CHANGE	DATE
URL:		
LOGIN:		
PASSWORD/PIN:		
NOTES/HINTS/SECURITY QUESTION		

TITLE:	PASSWORD CHANGE	DATE
URL:		
LOGIN:		
PASSWORD/PIN:		
NOTES/HINTS/SECURITY QUESTION		

TITLE:	PASSWORD CHANGE	DATE
URL:		
LOGIN:		
PASSWORD/PIN:		
NOTES/HINTS/SECURITY QUESTION		

TITLE:	PASSWORD CHANGE	DATE
URL:		
LOGIN:		
PASSWORD/PIN:		
NOTES/HINTS/SECURITY QUESTION		

TITLE:	PASSWORD CHANGE	DATE
URL:		
LOGIN:		
PASSWORD/PIN:		
NOTES/HINTS/SECURITY QUESTION		

TITLE:	PASSWORD CHANGE	DATE
URL:		
LOGIN:		
PASSWORD/PIN:		
NOTES/HINTS/SECURITY QUESTION		

TITLE:	PASSWORD CHANGE	DATE
URL:		
LOGIN:		
PASSWORD/PIN:		
NOTES/HINTS/SECURITY QUESTION		

TITLE:	PASSWORD CHANGE	DATE
URL:		
LOGIN:		
PASSWORD/PIN:		
NOTES/HINTS/SECURITY QUESTION		

TITLE:	PASSWORD CHANGE	DATE
URL:		
LOGIN:		
PASSWORD/PIN:		
NOTES/HINTS/SECURITY QUESTION		

TITLE:	PASSWORD CHANGE	DATE
URL:		
LOGIN:		
PASSWORD/PIN:		
NOTES/HINTS/SECURITY QUESTION		

TITLE:	PASSWORD CHANGE	DATE
URL:		
LOGIN:		
PASSWORD/PIN:		
NOTES/HINTS/SECURITY QUESTION		

TITLE:	PASSWORD CHANGE	DATE
URL:		
LOGIN:		
PASSWORD/PIN:		
NOTES/HINTS/SECURITY QUESTION		

TITLE:	PASSWORD CHANGE	DATE
URL:		
LOGIN:		
PASSWORD/PIN:		
NOTES/HINTS/SECURITY QUESTION		

TITLE:	PASSWORD CHANGE	DATE
URL:		
LOGIN:		
PASSWORD/PIN:		
NOTES/HINTS/SECURITY QUESTION		

TITLE:	PASSWORD CHANGE	DATE
URL:		
LOGIN:		
PASSWORD/PIN:		
NOTES/HINTS/SECURITY QUESTION		

TITLE:	PASSWORD CHANGE	DATE
URL:		
LOGIN:		
PASSWORD/PIN:		
NOTES/HINTS/SECURITY QUESTION		

TITLE:	PASSWORD CHANGE	DATE
URL:		
LOGIN:		
PASSWORD/PIN:		
NOTES/HINTS/SECURITY QUESTION		

TITLE:	PASSWORD CHANGE	DATE
URL:		
LOGIN:		
PASSWORD/PIN:		
NOTES/HINTS/SECURITY QUESTION		

TITLE:	PASSWORD CHANGE	DATE
URL:		
LOGIN:		
PASSWORD/PIN:		
NOTES/HINTS/SECURITY QUESTION		

TITLE:	PASSWORD CHANGE	DATE
URL:		
LOGIN:		
PASSWORD/PIN:		
NOTES/HINTS/SECURITY QUESTION		

TITLE:	PASSWORD CHANGE	DATE
URL:		
LOGIN:		
PASSWORD/PIN:		
NOTES/HINTS/SECURITY QUESTION		

TITLE:	PASSWORD CHANGE	DATE
URL:		
LOGIN:		
PASSWORD/PIN:		
NOTES/HINTS/SECURITY QUESTION		

TITLE:	PASSWORD CHANGE	DATE
URL:		
LOGIN:		
PASSWORD/PIN:		
NOTES/HINTS/SECURITY QUESTION		

TITLE:	PASSWORD CHANGE	DATE
URL:		
LOGIN:		
PASSWORD/PIN:		
NOTES/HINTS/SECURITY QUESTION		

TITLE:	PASSWORD CHANGE	DATE
URL:		
LOGIN:		
PASSWORD/PIN:		
NOTES/HINTS/SECURITY QUESTION		

TITLE:	PASSWORD CHANGE	DATE
URL:		
LOGIN:		
PASSWORD/PIN:		
NOTES/HINTS/SECURITY QUESTION		

TITLE:	PASSWORD CHANGE	DATE
URL:		
LOGIN:		
PASSWORD/PIN:		
NOTES/HINTS/SECURITY QUESTION		

TITLE:	PASSWORD CHANGE	DATE
URL:		
LOGIN:		
PASSWORD/PIN:		
NOTES/HINTS/SECURITY QUESTION		

TITLE:	PASSWORD CHANGE	DATE
URL:		
LOGIN:		
PASSWORD/PIN:		
NOTES/HINTS/SECURITY QUESTION		

TITLE:	PASSWORD CHANGE	DATE
URL:		
LOGIN:		
PASSWORD/PIN:		
NOTES/HINTS/SECURITY QUESTION		

TITLE:	PASSWORD CHANGE	DATE
URL:		
LOGIN:		
PASSWORD/PIN:		
NOTES/HINTS/SECURITY QUESTION		

TITLE:	PASSWORD CHANGE	DATE
URL:		
LOGIN:		
PASSWORD/PIN:		
NOTES/HINTS/SECURITY QUESTION		

TITLE:	PASSWORD CHANGE	DATE
URL:		
LOGIN:		
PASSWORD/PIN:		
NOTES/HINTS/SECURITY QUESTION		

TITLE:	PASSWORD CHANGE	DATE
URL:		
LOGIN:		
PASSWORD/PIN:		
NOTES/HINTS/SECURITY QUESTION		

TITLE:	PASSWORD CHANGE	DATE
URL:		
LOGIN:		
PASSWORD/PIN:		
NOTES/HINTS/SECURITY QUESTION		

TITLE:	PASSWORD CHANGE	DATE
URL:		
LOGIN:		
PASSWORD/PIN:		
NOTES/HINTS/SECURITY QUESTION		

TITLE:		PASSWORD CHANGE	DATE
URL:			
LOGIN:			
PASSWORD/PIN:			
NOTES/HINTS/SECURITY QUESTION			

TITLE:		PASSWORD CHANGE	DATE
URL:			
LOGIN:			
PASSWORD/PIN:			
NOTES/HINTS/SECURITY QUESTION			

TITLE:		PASSWORD CHANGE	DATE
URL:			
LOGIN:			
PASSWORD/PIN:			
NOTES/HINTS/SECURITY QUESTION			

TITLE:	PASSWORD CHANGE	DATE
URL:		
LOGIN:		
PASSWORD/PIN:		
NOTES/HINTS/SECURITY QUESTION		

TITLE:	PASSWORD CHANGE	DATE
URL:		
LOGIN:		
PASSWORD/PIN:		
NOTES/HINTS/SECURITY QUESTION		

TITLE:	PASSWORD CHANGE	DATE
URL:		
LOGIN:		
PASSWORD/PIN:		
NOTES/HINTS/SECURITY QUESTION		

TITLE:	PASSWORD CHANGE	DATE
URL:		
LOGIN:		
PASSWORD/PIN:		
NOTES/HINTS/SECURITY QUESTION		

TITLE:	PASSWORD CHANGE	DATE
URL:		
LOGIN:		
PASSWORD/PIN:		
NOTES/HINTS/SECURITY QUESTION		

TITLE:	PASSWORD CHANGE	DATE
URL:		
LOGIN:		
PASSWORD/PIN:		
NOTES/HINTS/SECURITY QUESTION		

TITLE:	PASSWORD CHANGE	DATE
URL:		
LOGIN:		
PASSWORD/PIN:		
NOTES/HINTS/SECURITY QUESTION		

TITLE:	PASSWORD CHANGE	DATE
URL:		
LOGIN:		
PASSWORD/PIN:		
NOTES/HINTS/SECURITY QUESTION		

TITLE:	PASSWORD CHANGE	DATE
URL:		
LOGIN:		
PASSWORD/PIN:		
NOTES/HINTS/SECURITY QUESTION		

TITLE:	PASSWORD CHANGE	DATE
URL:		
LOGIN:		
PASSWORD/PIN:		
NOTES/HINTS/SECURITY QUESTION		

TITLE:	PASSWORD CHANGE	DATE
URL:		
LOGIN:		
PASSWORD/PIN:		
NOTES/HINTS/SECURITY QUESTION		

TITLE:	PASSWORD CHANGE	DATE
URL:		
LOGIN:		
PASSWORD/PIN:		
NOTES/HINTS/SECURITY QUESTION		

TITLE:	PASSWORD CHANGE	DATE
URL:		
LOGIN:		
PASSWORD/PIN:		
NOTES/HINTS/SECURITY QUESTION		

TITLE:	PASSWORD CHANGE	DATE
URL:		
LOGIN:		
PASSWORD/PIN:		
NOTES/HINTS/SECURITY QUESTION		

TITLE:	PASSWORD CHANGE	DATE
URL:		
LOGIN:		
PASSWORD/PIN:		
NOTES/HINTS/SECURITY QUESTION		

TITLE:	PASSWORD CHANGE	DATE
URL:		
LOGIN:		
PASSWORD/PIN:		
NOTES/HINTS/SECURITY QUESTION		

TITLE:	PASSWORD CHANGE	DATE
URL:		
LOGIN:		
PASSWORD/PIN:		
NOTES/HINTS/SECURITY QUESTION		

TITLE:	PASSWORD CHANGE	DATE
URL:		
LOGIN:		
PASSWORD/PIN:		
NOTES/HINTS/SECURITY QUESTION		

TITLE:	PASSWORD CHANGE	DATE
URL:		
LOGIN:		
PASSWORD/PIN:		
NOTES/HINTS/SECURITY QUESTION		

TITLE:	PASSWORD CHANGE	DATE
URL:		
LOGIN:		
PASSWORD/PIN:		
NOTES/HINTS/SECURITY QUESTION		

TITLE:	PASSWORD CHANGE	DATE
URL:		
LOGIN:		
PASSWORD/PIN:		
NOTES/HINTS/SECURITY QUESTION		

TITLE:	PASSWORD CHANGE	DATE
URL:		
LOGIN:		
PASSWORD/PIN:		
NOTES/HINTS/SECURITY QUESTION		

TITLE:	PASSWORD CHANGE	DATE
URL:		
LOGIN:		
PASSWORD/PIN:		
NOTES/HINTS/SECURITY QUESTION		

TITLE:	PASSWORD CHANGE	DATE
URL:		
LOGIN:		
PASSWORD/PIN:		
NOTES/HINTS/SECURITY QUESTION		

TITLE:	PASSWORD CHANGE	DATE
URL:		
LOGIN:		
PASSWORD/PIN:		
NOTES/HINTS/SECURITY QUESTION		

TITLE:	PASSWORD CHANGE	DATE
URL:		
LOGIN:		
PASSWORD/PIN:		
NOTES/HINTS/SECURITY QUESTION		

TITLE:	PASSWORD CHANGE	DATE
URL:		
LOGIN:		
PASSWORD/PIN:		
NOTES/HINTS/SECURITY QUESTION		

TITLE:		PASSWORD CHANGE	DATE
URL:			
LOGIN:			
PASSWORD/PIN:			
NOTES/HINTS/SECURITY QUESTION			

TITLE:		PASSWORD CHANGE	DATE
URL:			
LOGIN:			
PASSWORD/PIN:			
NOTES/HINTS/SECURITY QUESTION			

TITLE:		PASSWORD CHANGE	DATE
URL:			
LOGIN:			
PASSWORD/PIN:			
NOTES/HINTS/SECURITY QUESTION			

TITLE:	PASSWORD CHANGE	DATE
URL:		
LOGIN:		
PASSWORD/PIN:		
NOTES/HINTS/SECURITY QUESTION		

TITLE:	PASSWORD CHANGE	DATE
URL:		
LOGIN:		
PASSWORD/PIN:		
NOTES/HINTS/SECURITY QUESTION		

TITLE:	PASSWORD CHANGE	DATE
URL:		
LOGIN:		
PASSWORD/PIN:		
NOTES/HINTS/SECURITY QUESTION		

TITLE:	PASSWORD CHANGE	DATE
URL:		
LOGIN:		
PASSWORD/PIN:		
NOTES/HINTS/SECURITY QUESTION		

TITLE:	PASSWORD CHANGE	DATE
URL:		
LOGIN:		
PASSWORD/PIN:		
NOTES/HINTS/SECURITY QUESTION		

TITLE:	PASSWORD CHANGE	DATE
URL:		
LOGIN:		
PASSWORD/PIN:		
NOTES/HINTS/SECURITY QUESTION		

TITLE:	PASSWORD CHANGE	DATE
URL:		
LOGIN:		
PASSWORD/PIN:		
NOTES/HINTS/SECURITY QUESTION		

TITLE:	PASSWORD CHANGE	DATE
URL:		
LOGIN:		
PASSWORD/PIN:		
NOTES/HINTS/SECURITY QUESTION		

TITLE:	PASSWORD CHANGE	DATE
URL:		
LOGIN:		
PASSWORD/PIN:		
NOTES/HINTS/SECURITY QUESTION		

TITLE:	PASSWORD CHANGE	DATE
URL:		
LOGIN:		
PASSWORD/PIN:		
NOTES/HINTS/SECURITY QUESTION		

TITLE:	PASSWORD CHANGE	DATE
URL:		
LOGIN:		
PASSWORD/PIN:		
NOTES/HINTS/SECURITY QUESTION		

TITLE:	PASSWORD CHANGE	DATE
URL:		
LOGIN:		
PASSWORD/PIN:		
NOTES/HINTS/SECURITY QUESTION		

TITLE:	PASSWORD CHANGE	DATE
URL:		
LOGIN:		
PASSWORD/PIN:		
NOTES/HINTS/SECURITY QUESTION		

TITLE:	PASSWORD CHANGE	DATE
URL:		
LOGIN:		
PASSWORD/PIN:		
NOTES/HINTS/SECURITY QUESTION		

TITLE:	PASSWORD CHANGE	DATE
URL:		
LOGIN:		
PASSWORD/PIN:		
NOTES/HINTS/SECURITY QUESTION		

TITLE:	PASSWORD CHANGE	DATE
URL:		
LOGIN:		
PASSWORD/PIN:		

NOTES/HINTS/SECURITY QUESTION

TITLE:	PASSWORD CHANGE	DATE
URL:		
LOGIN:		
PASSWORD/PIN:		

NOTES/HINTS/SECURITY QUESTION

TITLE:	PASSWORD CHANGE	DATE
URL:		
LOGIN:		
PASSWORD/PIN:		

NOTES/HINTS/SECURITY QUESTION

TITLE:		PASSWORD CHANGE	DATE
URL:			
LOGIN:			
PASSWORD/PIN:			
NOTES/HINTS/SECURITY QUESTION			

TITLE:		PASSWORD CHANGE	DATE
URL:			
LOGIN:			
PASSWORD/PIN:			
NOTES/HINTS/SECURITY QUESTION			

TITLE:		PASSWORD CHANGE	DATE
URL:			
LOGIN:			
PASSWORD/PIN:			
NOTES/HINTS/SECURITY QUESTION			

TITLE:	PASSWORD CHANGE	DATE
URL:		
LOGIN:		
PASSWORD/PIN:		
NOTES/HINTS/SECURITY QUESTION		

TITLE:	PASSWORD CHANGE	DATE
URL:		
LOGIN:		
PASSWORD/PIN:		
NOTES/HINTS/SECURITY QUESTION		

TITLE:	PASSWORD CHANGE	DATE
URL:		
LOGIN:		
PASSWORD/PIN:		
NOTES/HINTS/SECURITY QUESTION		

TITLE:	PASSWORD CHANGE	DATE
URL:		
LOGIN:		
PASSWORD/PIN:		
NOTES/HINTS/SECURITY QUESTION		

TITLE:	PASSWORD CHANGE	DATE
URL:		
LOGIN:		
PASSWORD/PIN:		
NOTES/HINTS/SECURITY QUESTION		

TITLE:	PASSWORD CHANGE	DATE
URL:		
LOGIN:		
PASSWORD/PIN:		
NOTES/HINTS/SECURITY QUESTION		

TITLE:	PASSWORD CHANGE	DATE
URL:		
LOGIN:		
PASSWORD/PIN:		
NOTES/HINTS/SECURITY QUESTION		

TITLE:	PASSWORD CHANGE	DATE
URL:		
LOGIN:		
PASSWORD/PIN:		
NOTES/HINTS/SECURITY QUESTION		

TITLE:	PASSWORD CHANGE	DATE
URL:		
LOGIN:		
PASSWORD/PIN:		
NOTES/HINTS/SECURITY QUESTION		

TITLE:	PASSWORD CHANGE	DATE
URL:		
LOGIN:		
PASSWORD/PIN:		
NOTES/HINTS/SECURITY QUESTION		

TITLE:	PASSWORD CHANGE	DATE
URL:		
LOGIN:		
PASSWORD/PIN:		
NOTES/HINTS/SECURITY QUESTION		

TITLE:	PASSWORD CHANGE	DATE
URL:		
LOGIN:		
PASSWORD/PIN:		
NOTES/HINTS/SECURITY QUESTION		

TITLE:	PASSWORD CHANGE	DATE
URL:		
LOGIN:		
PASSWORD/PIN:		
NOTES/HINTS/SECURITY QUESTION		

TITLE:	PASSWORD CHANGE	DATE
URL:		
LOGIN:		
PASSWORD/PIN:		
NOTES/HINTS/SECURITY QUESTION		

TITLE:	PASSWORD CHANGE	DATE
URL:		
LOGIN:		
PASSWORD/PIN:		
NOTES/HINTS/SECURITY QUESTION		

TITLE:	PASSWORD CHANGE	DATE
URL:		
LOGIN:		
PASSWORD/PIN:		
NOTES/HINTS/SECURITY QUESTION		

TITLE:	PASSWORD CHANGE	DATE
URL:		
LOGIN:		
PASSWORD/PIN:		
NOTES/HINTS/SECURITY QUESTION		

TITLE:	PASSWORD CHANGE	DATE
URL:		
LOGIN:		
PASSWORD/PIN:		
NOTES/HINTS/SECURITY QUESTION		

TITLE:	PASSWORD CHANGE	DATE
URL:		
LOGIN:		
PASSWORD/PIN:		
NOTES/HINTS/SECURITY QUESTION		

TITLE:	PASSWORD CHANGE	DATE
URL:		
LOGIN:		
PASSWORD/PIN:		
NOTES/HINTS/SECURITY QUESTION		

TITLE:	PASSWORD CHANGE	DATE
URL:		
LOGIN:		
PASSWORD/PIN:		
NOTES/HINTS/SECURITY QUESTION		

TITLE:	PASSWORD CHANGE	DATE
URL:		
LOGIN:		
PASSWORD/PIN:		
NOTES/HINTS/SECURITY QUESTION		

TITLE:	PASSWORD CHANGE	DATE
URL:		
LOGIN:		
PASSWORD/PIN:		
NOTES/HINTS/SECURITY QUESTION		

TITLE:	PASSWORD CHANGE	DATE
URL:		
LOGIN:		
PASSWORD/PIN:		
NOTES/HINTS/SECURITY QUESTION		

TITLE:	PASSWORD CHANGE	DATE
URL:		
LOGIN:		
PASSWORD/PIN:		
NOTES/HINTS/SECURITY QUESTION		

TITLE:	PASSWORD CHANGE	DATE
URL:		
LOGIN:		
PASSWORD/PIN:		
NOTES/HINTS/SECURITY QUESTION		

TITLE:	PASSWORD CHANGE	DATE
URL:		
LOGIN:		
PASSWORD/PIN:		
NOTES/HINTS/SECURITY QUESTION		

TITLE:	PASSWORD CHANGE	DATE
URL:		
LOGIN:		
PASSWORD/PIN:		
NOTES/HINTS/SECURITY QUESTION		

TITLE:	PASSWORD CHANGE	DATE
URL:		
LOGIN:		
PASSWORD/PIN:		
NOTES/HINTS/SECURITY QUESTION		

TITLE:	PASSWORD CHANGE	DATE
URL:		
LOGIN:		
PASSWORD/PIN:		
NOTES/HINTS/SECURITY QUESTION		

TITLE:	PASSWORD CHANGE	DATE
URL:		
LOGIN:		
PASSWORD/PIN:		
NOTES/HINTS/SECURITY QUESTION		

TITLE:	PASSWORD CHANGE	DATE
URL:		
LOGIN:		
PASSWORD/PIN:		
NOTES/HINTS/SECURITY QUESTION		

TITLE:	PASSWORD CHANGE	DATE
URL:		
LOGIN:		
PASSWORD/PIN:		
NOTES/HINTS/SECURITY QUESTION		

TITLE:	PASSWORD CHANGE	DATE
URL:		
LOGIN:		
PASSWORD/PIN:		
NOTES/HINTS/SECURITY QUESTION		

TITLE:	PASSWORD CHANGE	DATE
URL:		
LOGIN:		
PASSWORD/PIN:		
NOTES/HINTS/SECURITY QUESTION		

TITLE:	PASSWORD CHANGE	DATE
URL:		
LOGIN:		
PASSWORD/PIN:		
NOTES/HINTS/SECURITY QUESTION		

TITLE:	PASSWORD CHANGE	DATE
URL:		
LOGIN:		
PASSWORD/PIN:		
NOTES/HINTS/SECURITY QUESTION		

TITLE:	PASSWORD CHANGE	DATE
URL:		
LOGIN:		
PASSWORD/PIN:		
NOTES/HINTS/SECURITY QUESTION		

TITLE:	PASSWORD CHANGE	DATE
URL:		
LOGIN:		
PASSWORD/PIN:		
NOTES/HINTS/SECURITY QUESTION		

TITLE:		PASSWORD CHANGE	DATE
URL:			
LOGIN:			
PASSWORD/PIN:			
NOTES/HINTS/SECURITY QUESTION			

TITLE:		PASSWORD CHANGE	DATE
URL:			
LOGIN:			
PASSWORD/PIN:			
NOTES/HINTS/SECURITY QUESTION			

TITLE:		PASSWORD CHANGE	DATE
URL:			
LOGIN:			
PASSWORD/PIN:			
NOTES/HINTS/SECURITY QUESTION			

TITLE:	PASSWORD CHANGE	DATE
URL:		
LOGIN:		
PASSWORD/PIN:		
NOTES/HINTS/SECURITY QUESTION		

TITLE:	PASSWORD CHANGE	DATE
URL:		
LOGIN:		
PASSWORD/PIN:		
NOTES/HINTS/SECURITY QUESTION		

TITLE:	PASSWORD CHANGE	DATE
URL:		
LOGIN:		
PASSWORD/PIN:		
NOTES/HINTS/SECURITY QUESTION		

TITLE:	PASSWORD CHANGE	DATE
URL:		
LOGIN:		
PASSWORD/PIN:		
NOTES/HINTS/SECURITY QUESTION		

TITLE:	PASSWORD CHANGE	DATE
URL:		
LOGIN:		
PASSWORD/PIN:		
NOTES/HINTS/SECURITY QUESTION		

TITLE:	PASSWORD CHANGE	DATE
URL:		
LOGIN:		
PASSWORD/PIN:		
NOTES/HINTS/SECURITY QUESTION		

www.ingramcontent.com/pod-product-compliance
Lightning Source LLC
Chambersburg PA
CBHW060445060326
40690CB00019B/4335